LES BIBLIOTHÈQUES SCOLAIRES

ET

M. HACHETTE

—

DEUXIÈME ÉDITION

Prix : 1 franc

PARIS
CHEZ TOUS LES LIBRAIRES
—
1862

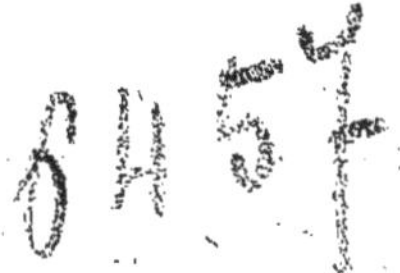

LES

BIBLIOTHÈQUES SCOLAIRES

ET

M. HACHETTE

LES
BIBLIOTHÈQUES SCOLAIRES
ET
M. HACHETTE

DEUXIÈME ÉDITION

Prix : 1 franc.

PARIS
CHEZ TOUS LES LIBRAIRES
ET CHEZ L'AUTEUR, RUE MONTMORENCY, 8.

1862

LES
BIBLIOTHÈQUES SCOLAIRES
ET
M. HACHETTE

Nous venons de lire la brochure que M. Hachette a récemment publiée au sujet de l'arrêté par lequel M. le Ministre de l'Instruction publique a organisé les *bibliothèques scolaires*, et nous éprouvons le besoin de répondre aux critiques que cet habile éditeur dirige contre l'arrêté du 1er juin 1862, arrêté qui cependant a été accueilli partout avec faveur.

Dès le début, nous sommes heureux d'être de l'avis de M. Hachette sur cet aphorisme : « *L'établissement de* » *bibliothèques scolaires peut, selon l'application plus* » *ou moins intelligente qui sera donnée à la pensée*

« *ministérielle, devenir une mesure des plus utiles* « *ou un monopole funeste.* » — L'établissement des *bibliothèques scolaires* peut avoir, en effet, de bons ou de mauvais résultats. Le Ministre qui en a eu la première pensée, pensée évidente de dévouement aux intérêts de l'éducation populaire, a dû nécessairement chercher les moyens de donner à son œuvre une bonne et utile direction ; mais, suivant M. Hachette, il a eu la main malheureuse. Il s'agit d'examiner si M. Hachette ne s'est pas trop hâté, si les assertions sur lesquelles il base sa critique sont exactes ; en un mot, s'il est dans le vrai. — Les précautions prises par M. Rouland seraient attentatoires aux droits des familles, elles sont contraires à la bonne tenue des classes, elles nuiront à l'instruction des enfants, elles constitueront un monopole qui entraînera la ruine de la librairie, elles confèrent aux Conseils académiques des droits exorbitants ; enfin, elles transforment l'école en boutique. — Voilà, ce nous semble, des affirmations bien graves, si graves, que la nouvelle institution, n'ayant pas de raison d'être et étant fondée sur *l'arbitraire,* se verrait, sans coup férir, frappée de réprobation.

Toutefois, avant de passer définitivement condamnation, nous demandons à M. Hachette quelques instants de répit. Nous savons bien qu'indépendamment des accusations que nous venons de reproduire, M. Hachette nous dit encore qu'avec cet arrêté, on *pourra faire ceci, on croira devoir faire cela,* et que chaque *moment* d'hésitation peut aggraver la situation. N'importe, examinons les choses, non pas uniquement au point de vue de la librairie, mais au point de vue auquel M. Rouland s'est placé, et, lorsque toutes les pièces du procès auront passé sous les yeux du lecteur, nous attendrons son jugement sans trop d'inquiétude.

La brochure de M. Hachette ne brille pas par l'ordre ni la méthode ; en le suivant pas à pas, nous serons souvent obligé de nous répéter : nous nous répéterons ; mais, avant tout, et afin que chacun puisse nous comprendre, commençons par reproduire l'arrêté du 1er juin 1862 et la circulaire du 24 du même mois.

Arrêté du 1er Juin 1862.

LE MINISTRE SECRÉTAIRE D'ÉTAT AU DÉPARTEMENT DE L'INSTRUCTION PUBLIQUE ET DES CULTES,

ARRÊTE :

ARTICLE PREMIER.

Il sera établi dans chaque école primaire publique une *bibliothèque scolaire*.

ARTICLE 2.

Cette bibliothèque sera placée, sous la surveillance de l'Instituteur, dans une des salles de l'école dont elle est la propriété.

Les livres seront rangés dans une armoire-bibliothèque conforme au modèle annexé à la circulaire du 31 mai 1860.

Article 3.

La bibliothèque scolaire comprendra :

1° Le dépôt des livres de classe à l'usage de l'école ;

2° Les ouvrages concédés à l'école par le Ministre de l'Instruction publique ;

3° Les livres donnés par les Préfets au moyen de crédits votés par les Conseils généraux ;

4° Les ouvrages donnés par les particuliers ;

5° Les ouvrages acquis au moyen des ressources propres à la bibliothèque (art. 7).

Article 4.

Aucune concession de livres ne pourra être faite par le Ministre à une bibliothèque scolaire si la commune ne peut justifier :

1° De la possession d'une armoire-bibliothèque ;

2° De l'acquisition des livres de classe en quantité suffisante pour les besoins des élèves gratuits.

Article 5.

Les livres de classe seront prêtés aux moments convenables pour les exercices à tous les enfants portés sur la liste des admissions gratuites dressée conformément à l'aticle 45 de la loi du 15 mars 1850.

Les livres seront également mis entre les mains des élèves payants dont les parents auront souscrit la cotisation *volontaire* indiquée à l'article 7 du présent arrêté.

Les ouvrages mentionnés aux paragraphes 2, 3, 4 et 5 de l'article 3 pourront être prêtés aux familles, lesquelles prendront l'engagement de les rendre en bon état ou d'en restituer la valeur.

Article 6.

Aucun des ouvrages mentionnés aux paragraphes 2 (1), 3, 4 et 5 de l'article 3, ne peut être placé dans les bibliothèques scolaires, soit qu'il provienne d'acquisitions, soit qu'il provienne de dons faits par les particuliers, sans l'autorisation de l'Inspecteur d'académie.

L'acquisition des livres de classe sera faite par les Instituteurs sur une liste préparée chaque année, pour toutes les écoles du ressort, par le Conseil académique et arrêtée par le Ministre. Cette liste ne devra comprendre que les ouvrages approuvés par le Conseil impérial de l'Instruction publique.

Article 7.

Les ressources de la bibliothèque scolaire se composent :

1° Des fonds spéciaux votés par les Conseils municipaux ;

2° Des sommes portées au budget pour fourniture de livres aux enfants indigents, et que les Conseils municipaux consentiraient à appliquer à la nouvelle fondation ;

3° Du produit des souscriptions, dons ou legs destinés à ladite bibliothèque ;

4° Du produit des remboursements faits par les familles pour pertes ou dégradations de livres prêtés ;

5° D'une cotisation volontaire fournie par les familles des élèves payants, et dont le taux sera fixé chaque année par le Conseil départemental, après avis du Conseil municipal.

(1) Il est évident, comme le dit M. Hachette, qu'il y a erreur dans la mention du § 2.

Article 8.

L'Instituteur communal tiendra trois registres conformes aux modèles ci-annexés :

1° Catalogue des livres (modèle n° 2) ;

2° Registre des recettes et des dépenses (modèle n° 3) ;

3° Registre d'entrée et de sortie des livres prêtés au dehors de l'école.

Ces registres, cotés et parafés par le Maire, seront visés par l'Inspecteur de l'Instruction primaire lors de l'inspection de l'école.

Ils seront communiqués aux autorités scolaires à toute réquisition.

Article 9.

L'Instituteur conservera et classera, dans un ordre méthodique, les mémoires, quittances, lettres et toutes les pièces de correspondance relatifs à la bibliothèque scolaire.

Article 10.

Chaque année, au 31 décembre, l'Instituteur dresse, en présence du Maire, la situation de la bibliothèque, ainsi que celle de la caisse. Le procès-verbal constatant cette double opération est adressé à l'Inspecteur d'académie par l'intermédiaire de l'Inspecteur primaire (modèle n° 4).

Article 11.

A chaque changement d'Instituteur, le procès-verbal de récolement et de situation de la caisse est signé par l'Instituteur sortant et par son successeur.

L'Instituteur sortant n'est déchargé de toute responsabilité qu'après avoir obtenu de l'Inspecteur de l'Instruction primaire un certificat constatant que les formalités susindiquées ont été remplies et la prise en charge par son successeur.

ARTICLE 12.

A leur passage dans l'école, les Inspecteurs de l'Instruction primaire vérifient les divers registres énumérés à l'article 8. Ils s'assurent que l'acquisition des ouvrages a été faite conformément aux prescriptions de l'article 6, et que la bibliothèque ne contient aucun livre donné ou légué dont l'acceptation n'aurait pas été autorisée par l'Inspecteur d'académie; ils contrôlent les recettes et les dépenses, et constatent, s'il y a lieu, les irrégularités.

ARTICLE 13.

A la fin de chaque année, l'Inspecteur d'académie adresse au Ministre de l'Instruction publique, par l'intermédiaire du Recteur, un rapport sur la situation des bibliothèques scolaires.

ARTICLE 14.

Les Recteurs, les Préfets, les Inspecteurs d'académie et les Inspecteurs primaires sont chargés, chacun en ce qui le concerne, de l'exécution du présent règlement, qui sera affiché dans toutes les écoles publiques.

Fait à Paris, le 1er juin 1862.

ROULAND.

CIRCULAIRE

DE S. EXC. LE MINISTRE DE L'INSTRUCTION PUBLIQUE.

Paris, le 24 juin 1862.

Monsieur le Recteur,

J'ai l'honneur de vous envoyer ampliation d'un arrêté en date du 1er juin courant, concernant *les bibliothèques scolaires.*

Par ma circulaire du 31 mai 1860, j'ai fait part à MM. les Préfets de l'intérêt tout particulier que j'attache à la création de ces petites bibliothèques, et je les ai invités à en favoriser, autant que possible, l'établissement dans les écoles primaires.

Cette recommandation a été entendue, et déjà, dans un grand nombre de communes, il a été fait acquisition du corps de bibliothèque-armoire destiné à renfermer les livres dont la bibliothèque devra être composée.

Le moment est donc venu de prescrire les mesures d'ordre qui doivent assurer le succès définitif de ce projet.

Ainsi que vous le verrez, j'ai rattaché à la formation de *la bibliothèque scolaire* la fourniture des livres de classe pour tous les élèves. Une cotisation *volontaire,* ou plutôt un abonnement souscrit par les familles aisées, permettra, non-seulement de fournir aux enfants de ces familles les livres nécessaires pour qu'ils puissent suivre utilement les exercices de la classe, mais encore de mettre, à titre de prêt, des ouvrages de même nature entre les mains des enfants reçus gratuitement dans les écoles. Ce résultat ne pourra, toutefois, être atteint que si la cotisation volontaire est fixée de telle sorte que, sans surcharger les familles, la bibliothèque, au profit de qui elle sera perçue, puisse y trouver les moyens de subvenir à cette dépense. Le Conseil départemental devra prendre cette nécessité en considération lorsque, après avis du Conseil municipal, il fixera, chaque année, le taux de la cotisation. Déjà, dans quelques départements, cette cotisation a été établie, et S. Exc. le Ministre des finances a bien voulu autoriser MM. les Receveurs municipaux à la percevoir en même temps et dans la même forme que la rétribution scolaire. Il y a lieu d'espérer que les excellents effets de cette mesure se feront bientôt sentir dans tous les départements, et que les enfants pauvres, trop souvent privés de livres dans les écoles de campagne, participeront désormais, dans de meilleures conditions, à l'enseignement public.

Je n'ignore pas, Monsieur le Recteur, que, par la nature de vos attributions, vous avez peu de relations directes, soit avec les Conseils municipaux, soit avec MM. les Percepteurs. Je n'hésite point, cependant, à vous recommander expressément la formation et la surveillance des *bibliothèques scolaires*. Vous êtes chargé, par les lois et les règlements, du maintien des bonnes méthodes, et rien ne me paraît plus propre à favoriser votre influence sur la direction de l'enseignement primaire que le droit conféré au Conseil académique de dresser, sous votre présidence, la liste des livres de classe qui devront être placés dans les bibliothèques, et dont, par conséquent, l'usage sera seul autorisé dans les écoles publiques du ressort. La liste dont il s'agit devra comprendre non-seulement des méthodes de lecture, mais des livres de lecture courante, de petits traités d'arithmétique, des livres élémentaires d'histoire et de géographie; enfin tous les ouvrages indispensables pour la bonne direction des études primaires. Cette liste devra contenir un petit nombre d'ouvrages de même nature, mais elle sera dressée cependant de manière à n'alarmer aucun intérêt particulier, en ayant soin de ne créer nulle part une sorte de monopole. Il serait fâcheux que, dans l'usage qu'il fera de cette faculté, le Conseil académique pût être soupçonné de favoriser telle ou telle personne, fonctionnaire ou autre, avec qui MM. les membres de ce Conseil pourraient se trouver en relation d'affaires ou d'affection. Il serait injuste, cependant, de repousser un livre dont le mérite serait incontestable, par cela seul que l'auteur exercerait des fonctions publiques dans l'enseignement, et je me garderais bien de décourager ainsi les membres du corps enseignant, de qui émanent généralement les meilleurs livres d'éducation; mais, entre ces deux écueils, le Conseil académique saura suivre la voie la plus sûre et arriver, d'une part, à établir, autant que possible, l'uniformité des livres dans les écoles du ressort, et, d'autre part, à fournir ainsi à MM. les Inspecteurs primaires des termes de comparaison qui ne pourront que tourner au profit de la jeunesse.

Vous verrez par l'article 6 qu'aucun ouvrage ne pourra être placé dans *les bibliothèques scolaires* sans l'autorisation de l'Inspecteur d'académie. Il est presque inutile de rappeler ici les considérations qui s'opposent à ce qu'il en soit autrement. *La bibliothèque scolaire* est formée, avant tout, dans l'intérêt des enfants; mais, aux termes de l'article 5, des livres pourront être prêtés aux familles. Ce sera pour elles, dans les longues veillées d'hiver, un excellent moyen d'échapper aux dangers de l'oisiveté, et l'expérience a prouvé que, dans les campagnes surtout, la lecture à haute voix, faite le soir au sein de la famille, a des attraits tout puissants, et c'est précisément afin de prévenir les funestes conséquences de choix imprudents ou mauvais qu'il a paru nécessaire de réglementer le colportage. Que ne doit-on pas attendre, dès-lors, d'une mesure qui, satisfaisant à un besoin incontestable, doit le faire tourner au profit de la morale publique ! Il importe donc que MM. les Inspecteurs d'académie examinent avec le plus grand soin les livres qui seraient offerts aux *blibliothèques scolaires* ou dont l'acquisition serait projetée. Sans proscrire impérieusement les ouvrages de pure imagination, ils ne les laisseront entrer dans *les bibliothèques scolaires* qu'autant qu'ils reconnaîtront que les populations auront quelque chose à gagner à leur lecture ; ce ne sera pas une vaine satisfaction de curiosité qu'ils devront y trouver, mais de bons et salutaires exemples. Les livres d'histoire devront être également choisis avec soin, et MM. les Inspecteurs ne devront accorder leur autorisation que lorsqu'il s'agira d'ouvrages destinés à donner aux lecteurs des idées vraies et sages. Ces lecteurs n'auront ni le temps ni les moyens de vérifier et de contrôler les assertions de l'historien ; ils accepteront les faits tels qu'ils leur seront présentés, et les conséquences qu'ils en tireront seront plus ou moins justes, selon que l'historien aura été plus ou moins véridique. Les livres qu'on devra placer dans *les bibliothèques scolaires* devront donc, avant tout, être empreints d'un véritable sentiment national et d'une grande impartialité ; on aura soin d'en écarter tous ceux qui, écrits sous l'impression d'idées préconçues, s'efforceraient de faire tourner l'histoire au profit d'opinions qui doivent chaque jour s'effacer, en présence d'un Gouvernement dont la pensée ne tend qu'à la satisfaction légitime de tous les intérêts populaires.

Les bibliothèques devant être placées dans la classe même, sous la surveillance de l'Instituteur communal, il importait de prescrire les mesures propres à assurer la conservation des livres. Tel est le but des articles 7, 8, 9, 10, 11 et 12 ; c'est surtout à MM. les Instituteurs primaires qu'il appartient de veiller à leur exécution. Mais j'appelle toute votre attention sur l'article 13. Je tiens beaucoup à ce que MM. les Inspecteurs d'académie s'y conforment. Les rapports que ces fonctionnaires auront à m'adresser chaque année par votre intermédiaire devront me faire connaître si *les bibliothèques* sont bien tenues ; si les livres de classe y sont déposés, et si les Conseils municipaux, comprenant l'utilité de cette mesure, en ont rendu, par leurs votes, l'exécution plus facile et plus efficace ; si les prêts aux familles ont été fréquents, et si cette disposition tend à se généraliser ; enfin, si des dons ont été faits aux *bibliothèques*, et quelle est la nature des ouvrages donnés. Ils s'attacheront aussi à me faire savoir d'une manière générale, et en groupant les faits suivant leur importance, ce qu'il y aurait lieu de modifier ou d'ajouter aux dispositions de mon arrêté. Si l'expérience venait à révéler quelques besoins que je n'aurais pas prévus, je m'empresserais d'y satisfaire.

Veuillez donner communication de mon arrêté du 1er juin courant et des présentes instructions à MM. les Inspecteurs d'académie. J'écris directement à MM. les Préfets pour les prier de concourir, en ce qui les concerne, à la prompte formation des *bibliothèques scolaires*.

Recevez, Monsieur le Recteur, etc.

Le Ministre de l'Instruction publique et des Cultes,

ROULAND.

Maintenant que le lecteur connaît le fond de l'affaire, passons à la procédure et regardons en face les formidables objections sous le poids desquelles M. Hachette a quelque peu la prétention d'accabler l'arrêté du 1er juin.

Nous suivrons pas à pas M. Hachette dans sa brochure, et nous reproduirons textuellement les titres de chacun de ses paragraphes.

§ 1er. *Du prêt gratuit et du louage des livres aux enfants.*

« A-t-on le droit, » dit la brochure, « de mettre dans » une commune, à la charge d'un certain nombre de fa- » milles, une partie quelconque de la dépense à faire » pour pourvoir de livres les enfants indigents ? »

Voilà, certes, une étrange question ; mais à quel propos M. Hachette la pose-t-il ? L'arrêté du 1er juin taxe-t-il telle ou telle famille au profit des indigents ? Avec la meilleure volonté du monde, nous n'avons pu trouver trace d'une semblable disposition.

Les *bibliothèques scolaires* traiteront avec les familles et, moyennant une cotisation dont le taux sera fixé chaque année par le Conseil départemental, après avis du Conseil municipal, elles prêteront des livres de classe à tous les enfants, payants et indigents. « Les » familles aisées ignoreront, » dit M. Hachette, « que le » prix de l'abonnement payé par elles contient une frac- » tion destinée à assurer la gratuité des livres pour les » enfants indigents, et, en conséquence, elles seront » généreuses à leur insu ; ce sera une contribution dé-

» guisée dont il serait bon de démontrer préalablement
» la légitimité. »

Cette démonstration, nous allons essayer de la faire.

Commençons d'abord par établir l'état actuel des choses. Dans presque toutes les communes, les enfants des familles aisées achètent, par l'intermédiaire de l'Instituteur, les livres dont ils ont besoin. Il y a là une contribution à laquelle les familles ne peuvent se soustraire, puisque, sans livres de classes, les enfants ne sauraient suivre les exercices de l'école. M. Hachette, sans doute, n'en conteste pas la légitimité; elle a fait la fortune de tant d'éditeurs, qu'il aurait particulièrement mauvaise grâce à en médire. Mais quelle différence fait-il entre cette contribution et la cotisation qui est établie par l'arrêté du 1er juin? La première était volontaire jusqu'à un certain point; la seconde le sera complétement. La première constituait, pour les familles, une charge qui avait son importance; la seconde leur sera moins lourde, le prix d'un abonnement étant toujours fixé de manière à satisfaire les deux parties intéressées. Grâce à la cotisation *volontaire* organisée par l'arrêté du 1er juin, les familles n'auront plus à débattre avec l'Instituteur le plus ou le moins d'utilité des ouvrages que le maître voudra placer entre les mains des enfants. La *bibliothèque scolaire*, moyennant l'abonnement souscrit, prêtera à ceux-ci tous les livres dont ils auront besoin. Ainsi, les enfants aisés ne seront jamais dépourvus de livres de classe, les enfants indigents n'en manqueront pas davantage, et les familles dépenseront moins. Que peut-on trouver à redire à un arrange-

ment de ce genre? Sous quel rapport peut-on en contester la légitimité? — Si notre démonstration n'est pas complète, et si M. Hachette conserve encore quelques scrupules, nous attendrons, pour les lever, qu'il veuille bien les exposer plus clairement.

« Mais, » continue-t-il, « avec le système nouveau, certains exercices deviennent absolument impossibles dans les écoles, » et M. Hachette plaide avec une énergie remarquable la cause des pauvres écoliers. « Les livres de » classe, dont le nombre est si restreint dans les écoles » primaires des campagnes, ne sont pas utiles seule- » ment pendant la tenue de l'école : les enfants labo- » rieux s'y attachent comme à une propriété ; ils les » étudient encore dans les loisirs de la veillée ; ils y » inscrivent des notes et des éclaircissements ; ils les » conservent comme un précieux souvenir quand ils » ont fait leur première communion, et très-souvent » le catéchisme, la grammaire française, l'arithmétique » élémentaire, le livre de lecture courante, deviennent « un meuble de famille qui passe du fils aîné à ses » jeunes frères. Cette transmission, si agréable pour » celui qui donne, si utile à celui qui reçoit, ne se ferait » plus si les livres de classe ne sortaient jamais de » l'enceinte de l'école, si l'enfant ne pouvait en user » que pendant les heures restreintes de chaque exer- » cice, etc., etc. »

M. Hachette ajoute : « On ne contestera pas, sans doute, » l'utilité qu'il y a à cultiver la mémoire des enfants. On » leur donne quelques fables, quelques belles sentences » à apprendre ; on veut même, avec raison, qu'ils sachent

» par cœur le texte de la grammaire et de l'arithmétique » élémentaire, et qu'ils retiennent les dates les plus im- » portantes de notre histoire, avec les principales divi- » sions géographiques de la France. C'est du soir au » matin, ou dans l'intervalle des deux classes, ou pen- » dant les jours de congé et de vacances, que les en- » fants peuvent apprendre leurs leçons pour les réciter » en arrivant à l'école. Mais, s'ils n'ont point de livres » hors de la classe, ils ne cultiveront jamais leur mé- » moire, à moins que le temps destiné à cet exercice ne » soit pris sur les heures passées à l'école, ce qui leur » ferait perdre en grande partie le bénéfice de l'ensei- » gnement oral donné par le maître. »

Non certes, nous ne contesterons rien de tout cela, et si les choses devaient se passer comme l'indique M. Hachette, quelques-unes des dispositions de l'arrêté du 1er juin n'auraient pas leur raison d'être.

Mais M. Hachette ignore-t-il donc, *que non-seulement les indigents sont totalement dépourvus de livres dans presque toutes les petites communes, mais que les enfants payants en manquent la plupart du temps; soit que leurs parents se refusent à en faire l'acquisition, soit que les livres acquis aient été perdus ou détruits*. Cela étant, ne convenait-il pas, avant tout, de mettre un terme à ces graves inconvénients ? L'arrêté du 1er juin y a pourvu. — Cet arrêté, au surplus, ne dit pas un mot de ce qu'on lui fait dire. Parce qu'on y lit que des livres leur seront prêtés aux moments convenables pour les exercices, M. Hachette en conclut que les enfants ne pourront plus apprendre leurs leçons. Et pourquoi donc en serait-il ainsi ? L'arrêté défend-il aux Instituteurs de prêter aux enfants les livres dans lesquels ils devront apprendre, du soir au matin, telle ou telle leçon de grammaire ou d'histoire sainte? Nullement.

Voici, à notre avis, comment les choses se passeront.

Chaque enfant, en entrant en classe, recevra le livre ou les livres dont il aura besoin. L'enfant les remettra à la fin de la classe à l'Instituteur, et, si ce dernier lui a donné, — *ce qui arrive rarement*, — une leçon à apprendre dans la soirée, il lui confiera le livre nécessaire à cet exercice de mémoire; mais ce livre devra être rendu le lendemain matin en bon état, et c'est précisément sur ce moyen de conservation que compte le ministre pour mettre à cet égard les élèves gratuits sur le même pied que les autres. Que M. Hachette se rassure donc et refoule « le sentiment pénible que fait naître en son » âme le prêt des livres aux enfants gratuits. » Désormais, il n'y aura aucune différence entre les pauvres et les riches; tous auront les mêmes livres entre les mains, tous pourront ainsi prendre également part aux leçons de l'Instituteur.

Mais il est un autre souci que nous voudrions écarter de l'esprit de M. Hachette. « Pour se conformer à l'ar- » rêté, » dit-il, « on confiera chaque jour aux enfants » pauvres, pendant quelques instants, les livres de » classe. Jusqu'ici on les leur donnait en toute pro- » priété; ils pouvaient conserver précieusement ce » gage de leurs modestes études, cette preuve de la » bienfaisance des autorités; maintenant, non : on » leur prêtera le livre pendant les exercices; immé-

» diatement après on le leur reprendra. Un pauvre en-
» fant n'aura même pas la propriété de son catéchisme ;
» il ne pourra pas avoir à sa disposition son premier
» livre de lecture pour que son grand frère l'aide à épe-
» ler, pour qu'il puisse lui-même enseigner à sa petite
» sœur à connaître ses lettres. En vérité, cela est bien
» dur. »

— *Jusqu'ici on donnait les livres aux enfants pauvres en toute propriété !* — Êtes-vous bien sûr de ce fait pour l'affirmer si fermement? Nous savons qu'il y a quelques écoles où les choses se passent ainsi, et M. Hachette n'a sans doute vu que celles-là ; mais qu'il nous permette de lui dire qu'*il en est tout autrement dans la presque totalité des petites communes*. Là, on ne donne ni on ne prête aucun livre, et M. Hachette trouvera tous les élèves gratuits et même quelques élèves payants les mains vides, soit que la commune n'ait pu faire les frais de ces livres, soit que les livres acquis aient été égarés ou mis hors de service.

L'imagination de M. Hachette l'a égaré hors du monde réel ; ici encore ses alarmes sont excessives, ses interprétations sont erronées, ses renseignements sont inexacts. Puisqu'il veut le bien avec autant d'ardeur que de désintéressement, qu'il daigne parcourir un moment les campagnes, et qu'il prie les pères de famille de lui représenter non-seulement les livres dans lesquels les grands frères ont appris à épeler à leurs frères plus petits, mais encore les livres dans lesquels les petits enfants étudient en ce moment. Des premiers, il n'en trouvera pas un ; des seconds, il en trouvera plus de la moitié maculés, déchirés, hors de service, et sur une partie de l'autre moitié, au lieu de ces « notes et de ces » éclaircissements qu'y inscrivent les enfants laborieux, » il y verra trop souvent des choses dont il sera peu édifié. Grâce à l'arrêté du 1er juin, tout cela sera amélioré. Au lieu de se faire un jouet de leurs livres, les enfants seront forcés de les respecter ; au lieu d'habitudes de malpropreté et de destruction, ils prendront des habitudes de propreté et de conservation. Ceux-là seuls pourraient s'en plaindre qui, dans un intérêt quelconque, regretteraient cette effroyable consommation de petits livres transformés journellement, dans tant d'écoles, en cornets ou en boulettes de papier.

Quant au payement des cotisations et des indemnités qui doit exiger tant de travaux, que M. Hachette ne s'en préoccupe pas davantage. Il est sage à lui de tout prévoir, et l'administration qu'il veut bien conseiller lui saura, sans nul doute, très-grand gré de son zèle. Mais elle n'a pas attendu, croyons-nous, la démonstration de M. Hachette pour aborder certaines difficultés et pour les résoudre. C'est à tort qu'il paraît beaucoup plus simple à M. Hachette de demander chaque année, aux Conseils généraux ou municipaux et aux Bureaux de bienfaisance, de continuer ou d'augmenter leur allocation pour fournitures de livres aux enfants indigents. Si cela était aussi simple qu'on le pense, on admettra peut-être que le Ministre y eût songé. Est-ce trop exiger que de lui supposer un peu d'expérience avec un peu de bonne volonté, et voudra-t-on croire que la modification apportée à un état de choses reconnu mauvais, n'a pas pour but de le rendre intolérable. S'il suffisait de dire aux communes : « Donnez gratuitement des » livres à vos enfants pauvres, » le Ministre le leur dirait, et il n'irait point chercher dans d'ingénieuses combinaisons les moyens de pourvoir à ce besoin, si sa parole pouvait ainsi créer des ressources à volonté.

§ 2. — *De l'abonnement proposé aux familles.*

Nous ne savons si ce que nous avons déjà dit ne répond pas suffisamment d'avance aux calculs établis par M. Hachette pour combattre le système d'abonnement, si utilement substitué dans la plupart de nos écoles pour la perception de la rétribution scolaire au système établi par la loi. Grâce à ce système, nous avons vu le nombre des élèves s'accroître dans une proportion telle que, malgré l'abaissement du taux de la rétribution pour les abonnés, les ressources des Instituteurs se sont partout élevées en même temps que les dépenses des départements et de l'État ont diminué.

Quoi qu'il en soit, M. Hachette pose en fait que, dans l'état actuel des choses, les familles dépensent annuellement 2 fr. 45 c. pour fourniture de livres aux enfants, soit 7 fr. 35 c. pour trois ans; que, d'après le nouveau système d'abonnement, elles dépenseront 1 fr. 95 c. par an, soit 5 fr. 85 c. pour trois ans, et il ajoute que cette « misérable économie » ne justifie pas le surcroît de besogne et les soucis imposés aux Instituteurs. Nous ne voulons point discuter ces chiffres;

nous le pourrions peut-être ; nous aimons mieux les tenir pour exacts. Mais pourquoi M. Hachette ne veut-il donc voir dans cette mesure qu'une économie pour les familles ? Pourquoi refuser d'y voir en même temps les moyens assurés de mettre des livres entre les mains de tous les élèves, riches ou pauvres ? Pourquoi s'efforce-t-il de signaler au public des difficultés d'exécution qui n'existent que dans son imagination ?

« D'abord, comment, » dit M. Hachette, « fera-t-on » rentrer le montant des abonnements ? » « Rien de plus » commode, » nous répondra-t-on ? « Déjà dans les dépar- » tements où la cotisation a été établie, S. Exc. le Minis- » tre des finances a bien voulu autoriser MM. les Rece- » veurs municipaux à la recevoir en même temps et dans » les mêmes formes que la rétribution scolaire. Nous » laisserons à de plus compétents que nous le soin d'exa- » miner ci cette intervention du Ministre des finances et » des Receveurs municipaux dans le règlement d'intérêts » privés est parfaitement légale ? »

Il est vraiment fâcheux que M. Hachette, qui s'est reconnu compétent pour soulever la question de légalité, se soit déclaré incompétent pour l'examiner. Il s'est trop défié de ses forces, et, s'il avait été un peu plus courageux, il aurait vu qu'il ne s'agissait point ici de « faire » intervenir les Receveurs municipaux dans le règle- » ment d'intérêts privés, » puisque l'abonnement pour les livres sera perçu, non pas pour le compte de l'Instituteur, mais pour le compte de la *bibliothèque scolaire* En eût-il été autrement, il aurait pu encore se convaincre de la légalité du fait. Dans toutes les écoles, la rétribution scolaire est perçue pour le compte des Instituteurs par les Receveurs municipaux ; la loi autorise donc ces fonctionnaires à intervenir dans les règlements d'intérêts privés ; il y a là, par conséquent, un précédent dont l'autorité n'eût pas été contestable.

— Mais revenons aux calculs présentés par M. Hachette. Nous avons vu avec quel dédain il signale la « misérable économie » que l'abonnement présentera aux familles. Il se demande maintenant si cette économie compensera « la privation de toute espèce de livres que » le ministre veut infliger à deux millions d'enfants, » et, cette fois, ne déclinant plus sa compétence, après avoir posé la question, il la résout négativement. Ainsi voilà le Ministre, qui cherche les moyens de pourvoir les enfants pauvres des livres nécessaires pour suivre les exercices des écoles, atteint et convaincu de vouloir imposer la privation de toute espèce de livres à deux millions d'enfants ! Et comment M. Hachette, qui est un homme sensé, arrive-t-il à cette conclusion ? En se refusant à admettre qu'un enfant puisse se servir dans l'école d'un livre qui lui a été prêté ; il faut que ce livre lui appartienne en toute propriété. Si le livre ne lui est pas donné, l'enfant est privé de livres.

Ne pensez même pas que la « misérable économie » signalée ci-dessus par M. Hachette soit réelle ; après l'avoir reconnue, il la nie en ces termes :

« Et d'ailleurs cette économie n'existera pas en réa- » lité : la famille aura 1 fr. 40 c. de plus en argent, » mais elle aura 7 fr. 35 c. de moins en livres. Qu'un » père ait trois enfants, les mêmes livres pourraient

» leur servir successivement. Il n'aurait dépensé, pour » eux trois, que 7 fr. 35 c., et il pourrait encore disposer » des volumes. Dans le système d'abonnement, il aura » payé 17 fr. 55 c. et rien ne lui restera. »

Nous pourrions, en présence d'un si grave intérêt, dédaigner ces calculs mesquins; nous voulons bien les admettre, mais à une seule condition, c'est que M. Hachette nous déclarera fermement avoir vu l'un des petits livres de classe qu'il répand si libéralement dans les écoles, se transmettre ainsi de génération en génération. Quant à nous, nous sommes parfaitement convaincu du contraire, et nous pouvons affirmer que les petits livres cartonnés que la librairie parisienne débite dans toutes les écoles de France n'y sont pas de si longue durée. Retournant donc le thème de M. Hachette, nous dirons que, dans le système actuel, un père de famille ayant trois enfants dépensera pour eux, en trois ans, 22 fr. 05 c., et qu'il ne lui restera que des lambeaux de livres, que des chiffons de papiers, si même il lui en reste quelques bribes, et que, grâce à l'abonnement, il ne dépensera que 17 fr. 55 c. dans le même espace de temps, d'où il résultera pour sa bourse une économie de 4 fr. 50 c., à l'aide de laquelle il pourra subvenir, s'il y a lieu, aux menus frais de pertes et dégradations. Le dernier enfant sorti de l'école après ses deux aînés n'emportera pas, il est vrai, les fragments de livres auxquels il a droit aujourd'hui; mais, pendant tout le temps de son séjour à l'école, il aura été *constamment et à chaque moment convenable* pourvu des livres nécessaires à ses études, et ses petits voisins, quoique pauvres et reçus gratuitement, auront joui du même avantage; enfin, ce qui n'est pas à dédaigner, cet enfant aura appris que les livres ne sont pas des jouets; qu'ils doivent être respectés; et cette bonne habitude il la conservera probablement toute sa vie. Ajoutons d'ailleurs que, si cet enfant est réellement studieux, il pourra, après être sorti de l'école, être admis à emprunter à la bibliothèque scolaire les livres dont il aura besoin, en exécution du troisième § de l'article 5 de l'arrêté du 1er juin.

Il est une autre difficulté découverte par M. Hachette et qui a bien son importance. L'approvisionnement des livres de classes dans *les bibliothèques scolaires* n'est rien moins qu'impossible! Il faudrait, pour l'effectuer dès la première année, un fonds de livres de classe d'une valeur de 4,900,000 fr., et de 14,700,000 fr. pour les trois ans que dure habituellement une éducation primaire! Ces chiffres sont effrayants, et M. Hachette manie ici les millions avec une facilité que nous ne nous flattons pas de posséder comme lui. Mais, si nous ne sommes point familiarisé avec les millions, nous prétendons avoir quelque logique, et nous ne serons suspect à personne en puisant dans ce fonds commun.

— Comment se fait généralement la fourniture des livres de classe dans les écoles? Voilà la question.

Ce sont les Instituteurs qui fournissent les livres aux élèves. M. Hachette pense-t-il qu'il puisse en être autrement? — Excepté dans les grandes villes, où les familles pourraient acheter elles-mêmes les livres de classe destinés aux enfants, les parents ne peuvent prendre ce soin. Les maisons de librairie ne sont, dites-vous, en France, qu'au nombre de 4,500, et elles desservent 37,000 communes. On conçoit dès lors que, dans un très-grand nombre de villages, les enfants seraient sans livres si les parents étaient obligés d'aller isolément en faire emplette. Tel libraire dépourvu de tel ouvrage ne se ferait pas d'ailleurs scrupule d'en fournir un du même genre à la place de celui qui lui serait demandé, et d'écouler ainsi sa marchandise. L'Instituteur est donc devenu, par la force des choses, l'intermédiaire obligé des libraires et des familles. Or, il est permis de croire que nos Instituteurs n'ont jamais pu faire aux familles l'avance de 14,700,000 fr. M. Hachette, qui sait cela mieux que nous, ne pourrait-il pas nous dire comment il a traité avec eux jusqu'à ce jour. Or, s'il se trouve bien de l'état actuel, en quoi cet état est-il modifié par l'arrêté du 1er juin? L'art. 6 dit « que l'ac» quisition des livres de classe sera faite par les Institu» teurs. » Rien ne sera donc changé aux rapports déjà établis entre les Instituteurs et les maisons de librairie; celles-ci continueront d'offrir leurs livres; ceux-là continueront de les acheter. Le payement en sera effectué selon le mode qui aura été convenu, avec cette seule différence que les libraires auront de plus la garantie de *la bibliothèque scolaire*. « Mais, » dit encore la brochure, « les » remboursements ne pourront s'effectuer qu'à la longue, » sur les produits des cotisations; il faudra payer des » intérêts. Que d'écritures, que de formalités à rem» plir! » Avouons ici notre incompétence; nous ignorons à quelles obligations les éditeurs soumettent les Instituteurs; mais nous savons que ceux-ci sont incessamment sollicités par les grandes maisons de librairie qui ne dédaignent pas de les tenter par des offres de remises considérables et par toutes sortes de facilités de payement. A cet égard, l'arrêté du 1er juin aura un excellent résultat; il désintéressera les Instituteurs; ceux-ci ne seront plus exposés ni aux soupçons de gains peu avouables sur les livres qu'ils fournissent aux élèves, ni à la tentation de donner la préférence aux éditeurs qui leur offrent les plus forts rabais. Si des sacrifices sont faits à cet égard par les maisons de librairie, ces sacrifices profiteront à la bibliothèque scolaire, et par conséquent à l'instruction des enfants pauvres, et nous ne pensons pas que personne puisse trouver cela mauvais.

Passons maintenant, sans transition, comme M. Hachette, à un autre ordre de faits.

Il y a en France un petit journal dit *Journal des Instituteurs*, publié sous les auspices du Ministre de l'Instruction publique, et qui compte, dit-on, 30,000 abonnés. Ce petit journal, fort bien fait d'ailleurs au point de vue de sa destination spéciale, ne coûte aux abonnés que 5 francs par an; mais, pour qu'il pût être envoyé partout à ce prix, il fallait l'exonérer des droits de timbre et de poste; or, cela n'était pas possible en présence de la loi qui n'a admis aucune exception de ce genre. Qu'a fait le ministre de l'Instruction publique? Il a obtenu en addition à son budget la somme rigoureusement nécessaire pour payer des frais de timbre et de poste dont la totalité fait retour au Trésor, et chaque Instituteur ou à peu près reçoit maintenant un journal qui lui donne une fois par semaine les nouvelles politiques les plus intéressantes, qui le tient ainsi au courant de ce que tout Français doit savoir, et qui, de plus, lui fournit les directions pédagogiques dont il a besoin pour diriger sa classe avec succès. M. Hachette ne blâme pas cette mesure en elle-même; il aurait mauvaise grâce à le faire, lui qui pendant tant d'années a été propriétaire d'un journal également patroné par le Ministre de l'Instruction publique, qui en nommait le rédacteur en chef et qui avait confié cette fonction à un Inspecteur général de l'Université. Mais, de même que, tout en paraissant approuver l'établissement des bibliothèques scolaires, M. Hachette s'attache à démontrer leur inutilité et leur impossibilité, de même, en paraissant approuver en principe le patronage accordé par le Ministre au *Journal des Instituteurs*, il s'efforce de prouver que ce patronage a de nombreux inconvénients.

« Assurément, » lisons-nous dans la brochure de M. Hachette, « le Ministre n'a eu d'autre but que d'a-
» voir à sa disposition un organe destiné à faire con-
» naître aux Instituteurs la pensée de l'administration
» et à leur donner de bonnes directions, et nous n'au-
» rions rien à dire de son intervention, si le journal,
» revêtu du caractère officiel, était resté vis-à-vis du
» public dans les conditions où se trouvaient tous les
» autres recueils de même nature. Mais il faut bien,
» pour appuyer la cause que nous plaidons aujourd'hui,
» que nous disions quelques faits qui se sont passés à

» l'occasion du nouveau journal. MM. les Inspecteurs » primaires n'ont certainement reçu aucune instruction » tendant à les rendre hostiles aux autres publications du » même genre; mais, comprenant l'intérêt que portait » l'administration au succès du nouveau journal, un » grand nombre d'entre eux ont considéré comme un de- » voir d'agir auprès des Instituteurs. N'est-il pas de noto- » riété publique que ces derniers ont été invités à plu- » sieurs reprises, par les autorités dont ils dépendent, à » souscrire au recueil ministériel, et que, pour la facilité » des abonnements, les Percepteurs des contributions » ont été autorisés à retenir sur le montant des sommes » qu'ils avaient à verser aux Instituteurs le prix de la » souscription. »

Nous ignorons si tout cela est de notoriété publique; mais, loin de partager à cet égard l'opinion de M. Hachette, nous ne pouvons qu'approuver ce qu'il critique. Eh quoi! le Ministre ferait appel au talent et au dévouement d'écrivains justement considérés, il ne négligerait rien pour que la publication qu'il patronne fût à la hauteur du but qu'il se propose, et il l'abandonnerait à toutes les chances bonnes ou mauvaises que les circonstances pourraient lui créer. Est-ce que personne songe à blâmer les efforts souvent heureux que fait M. Hachette dans l'intérêt de ses publications? N'use-t-il pas, suivant son droit, de toutes les ressources que l'immense publicité dont il dispose et ses nombreuses relations assurent à *sa maison?* Pourquoi le Ministre, *en vue d'un intérêt général incontestable,* ne ferait-il pas appel à la bonne volonté de tous?

Mais, nous demandera-t-on, pourquoi, à propos des bibliothèques scolaires, M. Hachette entretient-il le public du *Journal des Instituteurs?* Quel rapport y a-t-il entre deux ordres de faits si différents? Reconnaissons qu'il n'y en a aucun ; et là, comme en maint endroit, est le défaut de l'argumentation de M. Hachette. Ses intentions sont parfaites; mais sa situation est fausse, et le « Vous êtes orfèvre, M. Josse » suffirait à compromettre une meilleure cause, étayée d'arguments moins discutables.

Nous avons trop bonne opinion de l'auteur de la brochure pour croire qu'il veuille jeter l'inquiétude dans la librairie. Il est peut-être très-sincèrement persuadé que des « hommes puissants » rêvent à tout prix l'uniformité de l'enseignement ; « qu'ils veulent qu'on » enseigne partout la lecture, l'écriture, l'arithméti- » que, l'histoire et la géographie par la même méthode, » par les mêmes livres, aux mêmes jours et aux » mêmes heures. » — Sur quoi se fonde cette opinion? Nous ne pourrions le dire. Le *Journal des Instituteurs* a bien présenté aux Instituteurs un cours complet d'enseignement élémentaire, mais ce plan, très-consciencieusement fait, n'a jamais été signalé par l'autorité comme devant être suivi. Les Instituteurs l'adoptent à leurs risques et périls, s'ils le trouvent supérieur à celui qu'ils suivent dans leurs écoles ; jamais aucun ordre, aucune recommandation ne leur a été faite à cet égard ; et le Ministre de l'Instruction publique n'a certainement pas l'intention d'imposer tel ou tel système à l'intelligence des maîtres. Sans doute, il lui paraît bon d'établir une certaine uniformité de livres dans les écoles du même ressort ; il y aurait là, quoi qu'en dise M. Hachette, d'assez grands avantages. N'est-il pas utile qu'un enfant, en passant d'une école dans une autre, y retrouve les mêmes ouvrages et puisse continuer son cours sans être obligé de tout recommencer ? N'est-il pas à désirer que les Instituteurs qui, par avancement ou par disgrâce sont envoyés dans d'autres écoles, ne soient pas exposés à y trouver des livres dont l'usage ne leur serait pas familier ? Mais laissons là cette question que nous allons retrouver dans le troisième § de la brochure de M. Hachette.

§ 3. — *Des listes de livres à imposer à toutes les écoles d'un ressort académique.*

Nous avons vu que l'art. 6 de l'arrêté du 1er juin veut que l'acquisition des livres de classe soit faite par les Instituteurs sur une liste préparée chaque année pour toutes les écoles du ressort par le Conseil académique et arrêtée par le Ministre, laquelle liste ne devra comprendre que des livres approuvés par le Conseil de l'Instruction publique. M. Hachette, qui ne veut voir dans cette mesure que le triomphe de l'uniformité, après en avoir contesté l'utilité, en conteste maintenant la légalité. « A quel titre, » se demande-t-il, « un Conseil académi- » que ou toute autre autorité imposerait-elle aux Insti- » tuteurs l'obligation de se servir, dans leur école, de tel » ou tel livre parmi ceux qu'ils ont le droit d'employer ? »

Nous n'éprouvons aucun embarras à répondre à cette question. Les Conseils académiques n'imposeront à aucun Instituteur l'obligation de se servir d'un livre, mais ils dresseront une liste sur laquelle les Instituteurs choisiront. Il serait difficile de supposer qu'une liste ne dût comprendre qu'un ouvrage ; mais, pour lever tout espèce de doute à cet égard, le Ministre a eu bien soin de dire aux Recteurs, dans sa circulaire du 24 juin, que la liste devra comprendre un petit nombre d'ouvrages de même nature. Il n'y a donc point à s'enquérir ici du droit en vertu duquel les Conseils académiques imposeraient des livres aux Instituteurs, *puisqu'ils n'ont et ne peuvent avoir cette prétention.* — On a entendu laisser une certaine latitude aux maîtres, et nous pensons qu'on a agi sagement, parce que la diversité des intelligences est telle que chacune ne s'approprie pas facilement les mêmes procédés d'éducation ; mais il ne s'ensuit pas que, pratiquée dans de certaines limites, l'uniformité d'enseignement ne présenterait pas de sérieux avantages. Nous avons indiqué ci-dessus l'une des raisons qui peuvent faire désirer que cette uniformité s'établisse jusqu'à un certain point dans chaque ressort académique ; nous ajouterons que l'enseignement primaire y gagnerait ; que les familles surveilleraient plus facilement l'éducation des enfants ; que les Inspecteurs, les Délégués cantonnaux, les Maires et les Curés, lorsqu'ils veulent interroger les enfants, ne seraient plus exposés à leur parler un langage inconnu, à leur rappeler des règles qui auraient été modifiées par des auteurs nouveaux sans grand profit pour l'étude de la langue française ou de l'arithmétique, mais uniquement au profit des éditeurs.

N'est-il pas vrai que, dans une foule de grammaires nouvelles, par exemple, les définitions ont été si souvent changées, que le Conseil de l'Instruction publique a fini par en revenir à la grammaire de Lhomond, dédaignée depuis tant d'années, et condamnée même par quelques modernes grammairiens? N'en est-il pas de même pour l'histoire ou la géographie? et tel professeur qui a enseigné avec succès pendant des années à l'aide de tels et tels ouvrages, pourrait-il aujourd'hui interroger les meilleurs élèves de quelques écoles en se faisant clairement comprendre d'eux? « Mais, » dit encore M. Hachette, « pourquoi chercher l'uniformité dans les écoles » du ressort? Qu'importe ici le ressort? Quelle valeur » ont des circonscriptions académiques qui ont changé » quatre fois en six ans et qu'on peut modifier sans le » moindre inconvénient? »

La précipitation dans les jugements est toujours regrettable. Avec un peu plus de réflexion, M. Hachette eût compris qu'en s'adressant aux Recteurs des académies, le Ministre ne pouvait leur donner des instructions que pour leur ressort académique; qu'il ne tient pas, encore une fois, à ce que l'uniformité de livres règne sur la France d'un bout à l'autre, mais que, reconnaissant dans une certaine mesure les avantages de cette uniformité, il désire que chaque Conseil académique, en évitant les écueils qu'il leur signale, suive la voie la plus sûre pour établir « autant que possible » l'uniformité des livres dans son ressort. M. Hachette reconnaît bien que, dans sa circulaire, « le Ministre demande » que plusieurs ouvrages de même nature figurent sur » les listes académiques pour ne pas constituer de mo- » nopoles au profit de quelques intérêts particuliers. » « Mais, malheureusement, » ajoute-t-il, « le principe sera » plus fort que toutes les recommandations accessoires » destinées à en modérer l'application. M. le Ministre » invite les Conseils académiques à établir autant que » possible l'uniformité des livres dans les écoles du ressort » et la balance penchera de ce côté. Le système d'abon- » nement se généralisera partout et deviendra obliga- » toire; les listes académiques seront de plus en plus » restreintes, et on arrivera infailliblement à l'unité des » livres pour chaque matière d'enseignement. »

Si le Ministre actuel de l'Instruction publique faisait, en 1862, ce que l'un de ses prédécesseurs a fait en 1834, s'il faisait imprimer des livres de lecture, d'arithméti- que et d'instruction religieuse, et s'il expédiait directe- ment tous ces livres aux Instituteurs, nous compren- drions que les intérêts particuliers pussent s'émouvoir de cette immense distribution; ils se sont en effet émus à cette époque d'une mesure dont M. Hachette ne s'atta- chait pas alors à contester la légalité; mais aujourd'hui, il n'est question de rien de semblable. Les listes seront dressées *chaque année* par les Conseils académiques; chaque année, par conséquent, ces listes pourront être modifiées. Les Conseils académiques sont trop compé- tents en pareille matière pour qu'il soit possible de douter de l'intelligence et de l'impartialité avec laquelle ils y inscriront chaque année ceux des livres nouveaux approuvés par le Conseil impérial de l'Instruction publique, et qui leur paraîtront devoir être préférés aux ouvrages en usage dans le ressort. Ils s'attacheront ainsi à faire pénétrer dans les écoles les livres qui auront, à leurs yeux, un véritable caractère d'utilité pratique, tout en respectant, autant que possible, l'uniformité de livres dans des écoles qui ont en définitive le même but, et qui toutes doivent, obligatoirement, donner le même enseignement.

Ajoutons qu'en déléguant aux Conseils académiques le droit de dresser ces listes, le ministre a soustrait, par le fait même, les écoles à un certain monopole, exercé très-légalement, nous le reconnaissons, mais très-fructueusement par quelques grandes maisons de commerce. Sans doute, les Conseils académiques pourront consulter l'intérêt des *bibliothèques scolaires*, et porter de préférence sur leurs listes les livres qui, à mérite égal, se distingueraient par une meilleure impression, par une qualité de papier supérieure et même par le simple bon marché ; mais ils ne seront pas accessibles aux primes qui leur seraient offertes pour l'acquisition de tels et tels livres. Ils agiront en toute liberté, et ne cèderont pas à des pressions que M. Hachette réprouve avec tant de raison, et que le Ministre a sévèrement punies lorsqu'elles lui ont été signalées. Cette manière de procéder, en un mot, sera conforme aux intérêts de l'enseignement et même aux intérêts généraux de la librairie départementale. Nous le démontrerons en passant à l'examen du dernier paragraphe de la brochure, destiné aux bibliothèques scolaires.

§ 4. *De l'achat et du louage des livres par les Instituteurs.*

Nous voudrions pouvoir transcrire ici tout ce chapitre, pour montrer à nos lecteurs jusqu'à quel point un esprit aussi pratique que celui de l'auteur de la brochure, peut se laisser entraîner par l'amour de la publicité.

M. Hachette conteste d'abord aux Instituteurs le droit d'acquérir et de fournir aux enfants qui fréquentent leurs écoles les livres de classe dont ils ont besoin. Nous avons établi plus haut qu'il y a à cet égard force majeure; qu'exiger des parents la fourniture de livres uniformes, c'est demander l'impossible; que les Instituteurs sont et doivent être les intermédiaires entre les libraires et les familles. Pourquoi dès lors exigerait-on d'eux une patente ? Est-ce qu'ils tiennent boutique ? Est-ce qu'ils vendent des livres au premier venu ? Est-ce qu'ils vendent toute sorte de livres ? Est-ce qu'ils se font éditeurs ? M. Hachette sait fort bien qu'il n'en est rien ! Il sait fort bien que les Instituteurs doivent fournir au prix coûtant, à leurs élèves, les livres dont ils ont besoin, parce que, s'ils ne prenaient pas cette peine, chacun arriverait dans sa classe avec un livre différent, et que l'enseignement simultané deviendrait impossible dans les écoles. Il se peut que cet état de choses lèse les intérêts de quelques librairies départementales, mais nous savons que ces librairies voient avec peine les grandes maisons parisiennes étendre de plus en plus les rapports directs qu'elles établissent avec les Instituteurs ; nous savons que, ne pouvant obtenir qu'on interdise à ces grandes maisons le droit de prendre les Instituteurs pour intermédiaires, les libraires départementaux voudraient qu'on interdît aux Instituteurs la faculté d'accepter cette mission ; mais nous savons aussi que les Tribunaux ont fait justice de cette prétention tout à fait contraire aux intérêts de l'enseignement. Ajoutons que les librairies départementales, dont M. Hachette affecte de se constituer le défenseur, pourront trouver, dans l'arrêté du 1er juin, la protection qu'elles réclament. Qu'elles s'approvisionnent chaque année des ouvrages portés sur les listes des Conseils académiques ; qu'elles les offrent avec les mêmes prix, les mêmes facilités de payement, enfin les mêmes conditions que par le passé, aux *bibliothèques scolaires*, et les Instituteurs auront tout intérêt à y faire les acquisitions de livres de classe. Nous n'ignorons pas que le plus grand nombre de ces maisons ne pourra lutter contre les grandes librairies parisiennes ; que celles-ci redoubleront d'efforts pour conserver une clientèle avec laquelle il y a peu de chances de perte, et qu'elles préfèreront toujours passer par-dessus les petites maisons dont les services leur seraient inutiles et coûteux, en s'adressant directement aux Instituteurs. Mais quel remède à cet effet naturel de la concurrence ? Nous n'en voyons aucun ; c'est un mal salutaire.

Quoi qu'il en soit, nous sommes convaincu :

1° Que, défendre aux Instituteurs la fourniture de livres de classe à leurs élèves, ce serait porter un coup funeste à l'enseignement ;

2° Qu'en cessant de prendre les Instituteurs pour intermédiaires, les librairies en général verraient la vente de leurs livres diminuer d'une manière sensible ;

3° Que l'arrêté du 1er juin est favorable aux librairies départementales.

A la veille de la réunion des Conseils académiques, les acquisitions de livres ont pu certainement s'arrêter ; mais aussitôt que les listes auront été adoptées, le mouvement commercial reprendra, et nous verrons cesser des craintes que M. Hachette a propagées en affectant de les combattre.

« Un ouvrage, » dit M. Hachette, « a été composé en » vue de l'enseignement public.

» Jusqu'à son adoption par le Ministre en Conseil de » l'Instruction publique, cet ouvrage n'avait, comme » propriété, qu'une valeur médiocre.

» Du moment où il a été adopté, il a acquis une va- » leur caractérisée par ces mots : *Ce livre peut être* » *introduit dans les écoles publiques.* Cette valeur » est, comme beaucoup d'autres, sujette à bien des va- » riations ; mais enfin elle existe.

» Elle n'existe plus du moment où on statue implici- » tement que, contrairement au droit acquis, ce livre » ne pourra être introduit dans les écoles publiques. » La propriété se trouve ainsi frappée d'improductivité; » elle est détruite.

» Peu importe qu'on procède par voie d'interdiction

» ou par voie d'exclusion : l'atteinte à la propriété est » toujours la même.

« Un Préfet, par exemple, a le droit d'interdire, pour » des motifs dont il est juge, la représentation d'un ou- » vrage dramatique. Mais ne porterait-il pas atteinte à » la propriété littéraire et artistique s'il disait : *Je ne* » *laisserai jouer d'autre musique que celle de Ros-* » *sini* ? Ne serait-ce pas exclure, contre toute justice, » celle d'Auber, d'Halévy et des autres ?

» Comment l'administration de l'Instruction publique » agirait-elle plus équitablement en disant : *Voilà sur* » *le même sujet deux livres approuvés ; à l'avenir,* » *je n'admets plus qu'un des deux, c'est-à-dire j'ex-* » *clus l'autre ; j'enlève à l'auteur sa modeste gloire,* » *à l'éditeur la rentrée de ses avances, à tous deux* » *la rémunération de leur travail... et cela, au mé-* » *pris des droits que mon autorisation leur avait* » *conférés.* »

A cette question nous nous permettrons de répondre par une autre question.

En approuvant un livre, le Conseil de l'Instruction publique en ordonne-t-il l'introduction dans les écoles ? Non certes, il l'autorise seulement.

Jusqu'à présent, les Instituteurs étaient libres de choisir, parmi les ouvrages approuvés, les livres qui leur convenaient et par conséquent d'exclure les autres Leur a-t-on jamais contesté ce droit ? leur a-t-on dit qu'ils ne pouvaient *verrouiller* leur porte devant un auteur qui avait demandé à être admis dans les écoles, et à qui, après un long et sérieux examen, le Ministre avait répondu : *Entrez !* — Jamais pareille pensée n'est venue à qui que ce soit, jamais l'exclusion forcément prononcée par les Instituteurs, à l'égard d'ouvrages approuvés qu'ils ne jugent pas de nature à être admis dans leur classe, ne leur a été réputée à crime.

Une entière liberté de choix était laissée aux Instituteurs jusqu'à ce jour dans les limites de l'approbation ; M. Hachette trouve cela très-régulier et très-bon. Une entière liberté sera également laissée, dans les mêmes limites, aux Conseils académiques ; et M. Hachette trouve cela mauvais ! Veut-il donc que tous les livres approuvés soient à la fois employés dans toutes les écoles ? Il a trop de bon sens pour avoir une telle pensée. Croit-il que les Conseils académiques seront moins bons juges que les Instituteurs ? Loin de lui, sans doute, l'intention de leur faire cette injure. Il faut bien cependant qu'un choix soit fait parmi tant de livres approuvés. — Ce choix appartiendra-t-il exclusivement aux Instituteurs, ou bien les Conseils académiques les aideront-ils en leur présentant des listes restreintes ? Qu'importe aux éditeurs que l'exclusion soit prononcée par les uns ou par les autres. Au point de vue commercial, cela est indifférent ; il n'en est pas de même au point de vue scolaire. La liste des livres approuvés est large ; elle s'élargit chaque année, et par conséquent le choix de l'Instituteur devient chaque jour plus embarrassant. Chaque jour il est de plus en plus sollicité par l'intérêt privé, et, au milieu de ces innombrables réclames dont il est assiégé, il est plus exposé que jamais à faire, non pas de mauvais choix, puisqu'il ne peut s'arrêter que sur des livres approuvés, mais des choix moins appropriés aux besoins de son enseignement et par conséquent moins utiles. M. Hachette pourrait-il affirmer que, parmi le petit nombre de livres édités par des libraires départementaux et approuvés par le Conseil de l'Instruction publique, il ne s'en trouve pas quelques-uns qui, faute de publicité, n'aient pu percer la foule et aient vu leurs premières éditions s'anéantir dans des fonds de magasins? Trouverait-il mauvais que ces livres, s'ils sont supérieurs aux autres, fussent mis en évidence par les Conseils académiques et essayés dans les écoles? Notez bien que, même pour ceux-ci, les Conseils académiques n'en prescriraient pas l'usage; ils les inscriraient seulement à côté des autres, et les Instituteurs auraient encore le droit de les exclure. N'est-ce pas là faire en même temps une part suffisante à la liberté et un appel utile, nécessaire à tous les auteurs ou éditeurs qui n'ont à leur disposition ni les journaux de M. Hachette, ni les organes de l'administration, ni les immenses relations qui rendent si puissantes les maisons contre lesquelles il leur est impossible de lutter?

En résumé, l'arrêté du 1er juin nous paraît donc tout à la fois une barrière contre le monopole sinon illégal, du moins réel de quelques maisons parisiennes; il tend à affranchir de leur joug les librairies départementales; il transporte à une autorité plus élevée et plus éclairée le premier choix des livres qui devront être mis entre les mains des enfants dans les écoles, et, de crainte du monopole dont, à ce qu'il paraît, personne ne veut plus, il exige que les listes soient refaites tous les ans. Nous sommes convaincu qu'on reconnaîtra dans ces dispositions une nouvelle preuve de l'esprit de sagesse et d'équité que M. le Ministre de l'Instruction publique apporte dans toutes les résolutions par lesquelles il a signalé son administration, et que les frayeurs dont M. Hachette s'est fait l'écho n'auront aucun retentissement dans le corps enseignant; qu'elles n'y porteront pas le découragement, et que les Instituteurs, en particulier, ne se plaindront pas de « ce » coup inattendu, de cet arrêté, émané du Ministre lui- » même, qui les frappe, qui leur enlève cette liberté » dont ils ont toujours joui. » Ils seront reconnaissants envers le Ministre qui, tout en appelant les Conseils académiques à leur aide, ne leur impose aucun ouvrage, et laisse toute latitude à la manifestation de leurs propres sympathies.

Chacun y gagnera, même M. Hachette, dont les nombreuses publications ont obtenu jusqu'à ce jour un succès qui n'est pas seulement dû à l'expérience commerciale de l'éditeur, mais aussi à une valeur réelle.

H. LACOSTE.

Paris. — Imprimerie Wittersheim, 8, rue Montmorency

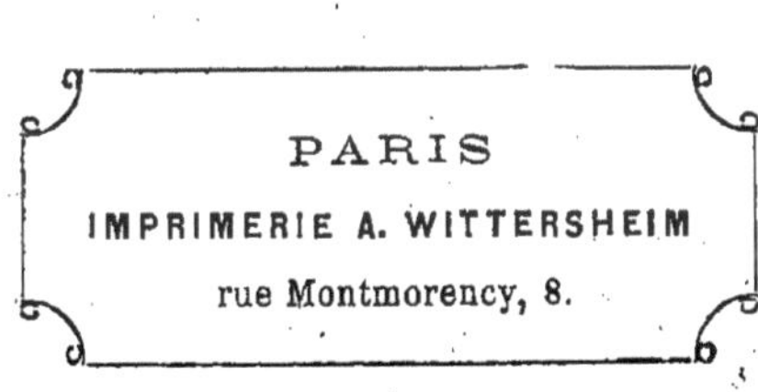

PARIS
IMPRIMERIE A. WITTERSHEIM
rue Montmorency, 8.

www.ingramcontent.com/pod-product-compliance
Ingram Content Group UK Ltd.
Pitfield, Milton Keynes, MK11 3LW, UK
UKHW020411220726
13923UKWH00004B/1883

9 782019 278489